Louis Fédié

RHEDAE
LA CITÉ DES
CHARIOTS

*L'écrit qui motiva les recherches de
l'abbé Saunière à Rennes-le-Château*

Arcadia *Editions*

SOMMAIRE

CHAPITRE I.. 5

CHAPITRE II.. 11

CHAPITRE III... 15

CHAPITRE IV 19

CHAPITRE V 23

CHAPITRE VI 27

CHAPITRE VII 31

CHAPITRE VIII 33

CHAPITRE IX 35

CHAPITRE X 37

CHAPITRE XI 41

CHAPITRE XII.. 45

CHAPITRE XIII... 49

CHAPITRE XIV 51

TABLEAU CHRONOLOGIQUE DES COMTES DU RAZES......................57

Louis Fédié

Le comté de Razès et le diocèse d'Alet. Notices historiques par Louis Fédié,
membre de la Société des Arts et Sciences de Carcassonne,
ancien conseiller général de l'Aude
L'édition originale de cet ouvrage a été réalisée par Lajoux Frères à Carcassonne en 1880
© Louis Fédié (Public Domain)

Première de couverture : détail de Mount & Blade II Bannerlord walpaper

© TALEWORLDS

Edition : Arcadia Editions

ISBN : 9782322138241

Dépot légal : mai 2017

Impression : BoD - Books on Demand

12/14 rond point des Champs-Elysées, 75008 Paris.

imprimé par Books on Demand Gmbh, Norderstedt, Germany.

Chapitre I

Des documents historiques dont les plus anciens remontent aux dernières années du VII[e]siècle, et parmi lesquels figurent un acte conservé dans le Cartulaire du Capcir, font mention d'un territoire ou plutôt d'un diocèse situé dans la Septimanie, et qui s'appelait le *Rhedesium* ou *Pagus Rhedensis*. Ce diocèse avait une capitale. Quel était le vrai nom de cette capitale ? Quel était sa véritable position géographique ? A quelle époque remonte sa création ?

Sur le premier point, la réponse est facile. Les deux prélats qui, en 798, furent envoyés par Charlemagne dans la Septimanie comme juges-commissaires, font mention de la cité de Rhedae qu'ils désignent en même temps que Narbonne et Carcassonne. Mais cette énonciation de Rhedae, ainsi classé de la part des missi dominici au rang des cités importantes, n'a pas besoin de commentaire. Il s'agit bien d'une des principales villes de la Septimanie, qui ne pouvait être que la capitale du diocèse auquel elle avait donné son nom. BESSE, l'un des historiens que l'on aime à consulter, est disposé à croire que, dans le courant du VIe siècle, les évêques de Carcassonne, chassés de leur siège par les Ariens, établirent leur résidence provisoire à Rhedae.

Voilà tout autant de preuves attestant, à une époque antérieure au VIIe siècle, non-seulement l'existence, mais encore l'importance d'une cité qui était la capitale du Rhedesium.

Il nous reste à rechercher quelle était la position géographique de cette cité, et à rechercher sa création. Nul historien n'a donné des indications sur l'origine, l'importance et le rôle historique de la ville de Rhedae. Sa fondation est tellement mystérieuse qu'elle semble avoir découragé les chroniqueurs et les archéologues.

On ne lui a pas fait l'honneur d'inventer une fable ou un récit légendaire pour expliquer ses commencements. Cette auréole populaire, empreinte de merveilleux, qui entoure le berceau de certaines cités de la Gaule Narbonnaise, et notamment de Carcassonne, lui fait complètement défaut. On dirait qu'elle est née d'une seule pièce et qu'elle n'a été découverte que quelques siècles après sa fondation. Nous trouvons l'explication de ce phénomène historique dans ce fait que la création de la capitale du Rhedesium est postérieure à l'occupation romaine, et antérieure à la constitution sociale qui commença à prendre corps dans la Narbonnaise, immédiatement après la conquête des Wisigoths. C'est ce qui explique les erreurs de certains commentaires dont les uns nous représentent Rhedae comme un oppidum d'origine gauloise, tandis que d'autres attribuent sa fondation à une colonie romaine. La même erreur s'est produite chez certains historiens quand il s'agit de déterminer l'emplacement exact qu'occupait la cité de Rhedae. Les uns ont prétendu qu'elle était située dans le pays de Chercorb ou Kercobz, d'autres l'ont placée à Rennes-les-bains. Enfin on a émis l'opinion qu'il avait existé deux cités de ce nom dans la Gaule Narbonnaise. Nous allons essayer d'apporter la lumière dans ces ténèbres.

Aucun des auteurs latins qui se sont fait les historiens de la conquête romaine dans la Gaule Narbonnaise n'a fait mention ni de

Rhedae, ni du Rhedesium, c'est-à-dire d'un diocèse portant ce nom. Dans la chronique d'EUSÈBE figure un passage où l'auteur s'est borné à parler d'un faubourg portant le nom d'Atax qui paraît avoir été le berceau de la ville de Limoux. DU MÈGE, dans ses commentaires, émet, sous une forme dubitative, une opinion que nous ne saurions partager. D'après lui, certains centres de population situés dans la vallée de l'Aude pourraient avoir une origine gallo-hellénique, en ce sens que, à la suite de la création de comptoirs grecs sur le littoral de la Méditerranée, des colonies dans lesquelles se trouvaient mêlés l'élément indigène et l'élément étranger, aient été créées sur cette partie de la Narbonnaise. Nous n'aborderons pas ici la discussion sur l'opinion émise par DU MÈGE, opinion que nous sommes loin de partager. Nous nous bornerons à constater qu'il ne cite pas Rhedae parmi les localités qui, d'après lui, seraient d'origine hellénique.

La fondation de Rhedae est-elle due à cette fraction de volkes Tectosages qui habitait les bords de l'Aude et que l'on appelait Atacins, du nom du fleuve Atax ? Nous ne le pensons pas. Cette population clairsemée sur un sol ingrat, dans un pays couvert de vastes forêts de chênes et de sapins, n'aurait pas abandonné le fond des vallées si propre à la culture, qui leur offrait des abris commodes, et qui leur assurait des moyens faciles d'existence, grâce aux produits de la chasse et de la pêche. Elle n'aurait pas déserté ce territoire sur lequel les communications étaient faciles, et où l'on pouvait échapper aux poursuites des détachements des armées romaines, grâce aux grottes et aux cavernes dont le sol était couvert. Les Atacins n'avaient donc aucun avantage à établir un oppidum, village ou ville, sur un plateau élevé qui n'offrait ni facilité d'existence, ni sécurité.

Nous venons de démontrer que la cité de Rhedae n'a pas été fondée par une population indigène, la tribu des Atacins; qu'elle ne doit pas, non plus, sa création à une colonie gallo-romaine, et enfin qu'elle n'est pas d'origine gallo-hellénique. Cette ville à été construite par des étrangers, par des envahisseurs et des conquérants. Ces conquérants ne venaient pas des régions du Nord ; trop d'obstacles les auraient arrêtés dans leur marche, et ils n'auraient pas même essayé de surmonter ces obstacles pour venir occuper un coin de terre déshérité. Tout prouve, au contraire, qu'ils venaient du Sud, c'est-à-dire des régions Ibériques. Et puisque la cité de Rhedae existait lors de l'invasion des Sarrazins, elle n'a pu être fondée que par ceux qui les avaient précédés sur le chemin de l'invasion des Gaules, c'est-à-dire par les Wisigoths. Nous sommes donc fondé à soutenir que Rhedae fut, à son origine, un oppidum wisigothique. Nous allons fournir quelques nouveaux arguments à l'appui de cette assertion.

Les écrivains ne sont pas d'accord sur l'orthographe du nom que portait primitivement cette cité. Théodulphe, l'un des missi dominici de Charlemagne, l'écrivait Rhedae. Dans plusieurs chartes du moyen-âge on trouve Redae, puis Redde, et encore Reddas, et enfin Reda ou Rheda. Nous n'hésitons pas à adopter la version du savant évêque d'Orléans; car le poème dans lequel il relate sa mission dans la Septimanie équivaut à ce que nous appelons aujourd'hui un rapport officiel. En second lieu, le mot Rhedae a une signification que n'ont pas les autres variantes. Les romains, dont les peuples modernes sont en ce point les imitateurs, enrichissaient leur langue en s'appropriant certains termes dont se servaient les nations avec qui ils étaient en rapport. Ainsi, d'après les auteurs latins, le mot Rhedae signifiait *chariots de voyage.* Nous adoptons cette traduction, et nous en tirons cette conséquence que le mot Rhedae porte avec lui sa signification et explique clairement l'origine de la cité à laquelle ce nom se rattache. *Rhedae -les chariots de voyage-* c'est-à-dire un campement, des maisons roulantes, espacées régulièrement, fixées demeure sur un point choisi, et formant un oppidum de bois, de cuir et de toile, entouré de retranchements. C'est la cité à son début. C'est une ruche immense dont chaque habitant a porté, avec lui, son alvéole. Dans ses récits des temps mérovingiens, Augustin THIERRY nous dit que les chars des Wisigoths étaient attelés de buffles. Ils étaient à quatre roues pleines et très-basses, pouvant passer par tous les chemins. C'étaient des vraies maisons roulantes faites de bois, de cuir et d'osier. Ce grand historien ajoute que pour franchir le fleuves, comme pour remonter ou descendre le courant, les Wisigoths se servaient d'embarcations faites de cuir recouvrant des carcasses de roseaux ou bien d'osier, et qu'on pouvait transporter ces embarcations à dos d'hommes. Quel est le point qui a été choisi pour la fondation de cet oppidum? C'est l'extrémité d'un vaste plateau qui domine au nord et au couchant les deux passages qui mettent le massif des Corbières en communication avec les Pyrénées. Au point de vue stratégique, l'emplacement d'un camp retranché, destiné à devenir un grand centre de population, ne pouvait être mieux choisi. Presque inabordable de trois côtés, ce camp pouvait être facilement défendu du côté du levant touchant l'immense plaine dite de Lauzet, dans laquelle pouvait se mouvoir une nombreuse armée. Les Wisigoths avaient appris à l'école des Romains, leurs ennemis, la castramétation, et nous en trouvons la preuve dans les dispositions du camp de Rhedae. Nous allons essayer de démontrer comment les Wisigoths furent amenés à établir leur premier campement aux lieux qui prirent le nom de Rhedae.

* * *

Chapitre II

Aprés avoir franchi le *Summum Pyreneum,* par le passage de la Cluse, aujourd'hui le Pertus, qu'avait traversé Annibal, et que Pompée avait décoré d'un de ses trophées, les Wisigoths s'emparèrent, en 404, de la ville de Collioure, *Caucoliberis,* et firent la conquête du Roussillon, de cette contrée qui, quelques siècles auparavant, avait formé un territoire indépendant sous le nom de Pays des Sardons. Une fois maîtres du Roussillon, ils pouvaient pénétrer dans la Gaule Narbonnaise par deux chemins. L'un, situé le long du littoral, conduisait directement à Narbonne. L'autre, qui remontait vers l'ouest, en suivant le cours de la Gly, traversait dans toute sa longueur le bassin enserré entre la dernière chaîne des Corbières et les premiers contreforts des Pyrénées, et aboutissait à la région montagneuse où commence aujourd'hui, avec la forêt des Fanges, le département de l'Aude.

Le premier de ces passages, fortement défendu pas les établissements militaires des Romains, devait offrir une sérieuse résistance, et ne pouvait être forcé que par une armée compacte et bien organisée, tentant directement une attaque sur Narbonne. Tandis qu'ils concentraient sur ce point leurs meilleures troupes, les Wisigoths tentèrent de pénétrer, d'un autre côté, dans les Gaules pas masses compactes. Ces masses ne formaient une armée, mais bien une foule homogène, plus ou moins armée, voyageant avec ses tentes, ses chariots, ses animaux domestiques. Cette armée humaines longea la chaîne des Corbières qui, du cap de Leucate, aboutit au pic de Bugarach, et vint s'échouer à l'extrémité supérieure du bassin du Roussillon. Arrivée là, elle se divisa en deux tronçons dont l'un suivit la vallée de la Boulzanne qui va à Axat, en longeant le côté sud de la

Forêt des Fanges, tandis que l'autre, franchissait le col de Saint-Louis, et suivant la vallée Arèse, dont il est souvent question dans les anciennes chartes sous le nom de *valles arida,* se dirigeait vers le nord, à travers ces plis de terrain où furent plus tard créés les villages de Saint-Louis et de Saint-Just, et aboutissait à une immense plaine où fut établi le campement qui devint la cité de Rhedae...

L'itinéraire que nous venons de tracer, pour marquer l'un des épisodes les plus intéressants de l'invasion des Wisigoths dans la Narbonnaise est le résultat de minutieuse investigations. Les études historiques et les travaux de statistique générale ont eu, dès le commencement de ce siècle, des adeptes aussi fervents que consciencieux dans le département des Pyrénées-Orientales. Une partie de ce département comprenant le Capcir, la Corbière de Sournia, le Pays de Latour et le Comté de Fenouillèdes, était enclavée dans le diocèse d'Alet. Ayant à nous occuper du Rhedesium, dont le diocèse d'Alet a occupé, plus tard, presque toute la superficie, nous avons dû rechercher tous les documents qui avaient trait à cette partie de la province du Languedoc. C'est ainsi que nous avons été amené à consulter avec fruit les travaux de géographie ancienne et d'archéologie qui concernent le département des Pyrénées-Orientales. Les limites tracées par la démarcation administrative doivent s'effacer quand il s'agit de la recherche de faits historiques importants, se rattachant à une contrée aujourd'hui morcelée, mais dont l'unification remonte à moins d'un siècle. Nous avons dû, par conséquent, embrasser, dans ce travail d'ensemble, l'étude historique de tout le pays de Rhedae, sans nous préoccuper de la latitude départementale sous laquelle se trouve aujourd'hui placée une partie de cette contrée.

D'un autre côté, nous avons considéré que le domaine de l'histoire s'agrandit de jour en jour. On ne se borne plus, aujourd'hui, à fouiller dans les livres et les chroniques qui parlent des nations depuis longtemps disparues. On ne se contente plus de passer au creuset de l'intelligence les légendes et les traditions, pour en extraire, simplement, la partie historique. On exhume du sol les vestiges du temps passé; on étudie les ruines antiques, les squelettes des châteaux et des forteresses dont l'existence se perd dans la nuit du temps. L'esprit cherche à sonder les mystères de la création de ces monuments presque anéantis, mais que la main de Dieu semble avoir conservés afin qu'ils nous racontent, non pas les légendes, mais l'histoire des siècles. Tels sont les éléments qui nous ont servi pour reconstruire le passé de Rhedesium. L'itinéraire suivi par l'invasion wisigothe est marqué par les vestiges de forteresse qui semblent autant de jalons destinés à marquer le passage de cette nation conquérante. La création de ces forteresses dans le Rhedesium explique à son tour l'établissement de ces châteaux-forts, sentinelles chargées de la garde du chemin qui conduisait de Rhedae en Ibérie. Nous consacrerons, dans la suite de ce récit, une étude particulière à chacune de ces citadelles qui ont toutes joué un rôle important dans l'histoire. Nous nous bornons à les signaler dans cette première partie de notre travail qui se rapporte exclusivement à la création de la capitale du Rhedesium.

* * *

Chapitre III

Après avoir cherché à établir la direction suivie par une partie de la nation wisigothique pour envahir la région montagneuse de la Gaule Narbonnaise, nous allons assister à l'installation de cette peuplade sur le point où s'arrêtent les chariots de voyage.

Lorsque, après avoir franchi le col de Saint-Louis, on aborde, ainsi que nous l'avons expliqué, les hauts plateaux qui, du côté Nord, dominent la vallée Arèse et font face à la forêt des Fanges, on arrive bientôt dans une grande plaine sablonneuse, couverte de buis et de bruyères, qui, du village de Bezu, se développe sur une immense surface, et aboutit, vers l'ouest, après un parcours de huit à dix kilomètres, au pied du mamelon où s'élève le village de Rennes-le-Château. Là, le terrain se resserre entre deux collines, l'une au midi, complètement dénudée, l'autre au nord, sur laquelle est bâti le village.

Ce terrain en surface plane est coupé par un ruisseau coulant de l'est à l'ouest. Ce ruisseau, alimenté par une source de caractère intermittent, est presque à sec pendant l'été; mais en hiver, il met en jeu un moulin.

C'est sur cet emplacement que se dressa le campement wisigothique, cet embryon d'une puissante cité. Les preuves abondent pour marquer exactement la place, *ubi Troja fuit,* comme dit le poète. Des restes de substructions éparpillés sous le sol, des briques à crochets et des tessons de poteries antiques qu'on en a exhumés, enfin des débris d'armes soulevés par la pioche, à certaine profondeurs, ne laissent aucun doute à cet égard. Naguère encore, il y a deux ans à peine, un habitant du village de Rennes-le-Château, en faisant une tranchée pour la construction d'un mur, découvrit une large dalle qui, ayant été soulevée, mit à découvert une foule d'ossements humains. C'était un amoncellement de débris de squelettes enfermé sur les quatre côtés par de larges dalles posées de champ. La profondeur de cet ossuaire ne put être vérifiée, car on s'empressa de remettre en place les dalles qui en recouvraient l'orifice, tant est grand le respect qu'ont nos populations pour les sépultures. Le lieu où fut faite cette découverte, s'appelle en patois *La Capello,* la chapelle. Il y avait donc, sur ce point, un édifice religieux et un lieu de sépulture remontant l'un et l'autre à une haute antiquité. Si nous recherchons maintenant des preuves à l'appui de notre opinion sur l'origine wisigothique de la cité de Rhedae, nous en trouvons de diverses sortes.

En premier lieu, nous constatons la découverte récente, au lieu dit Roquefumade, à proximité de Rennes-le-Château, de plusieurs tombeaux isolés ou groupés au fond d'une vallée et affectant tous la même forme que la sépulture découverte au lieu dit *La Capello,* c'est-à-dire composés de grandes dalles brutes juxtaposées, et dont les parois et le couvercle formaient une imitation des tombeaux mérovingiens. Or, l'érection des tombeaux mérovingiens qui existent dans le nord et dans le centre de la France remonte à une époque qui correspond à l'installation des Wisigoths dans la Narbonnaise.

Nous avons remarqué, en outre, comme indice d'une origine wisigothique, la forme ovoïdale des fortifications qui entouraient la forteresse enclavée dans l'enceinte de Rhedae, et qui à été remplacée par le village actuel. Enfin, nous trouvons une dernière preuve dans la similitude qui existait entre la citadelle de Rhedae et la cité de Carcassonne.

Il est impossible de préciser quelle fut, dès le début, l'importance de l'oppidum appelé Rhedae. Néanmoins, on peut supposer, d'une manière assez plausible, que ses commencement ne furent pas aussi modestes que ceux de certaines cités et de certains centres de population qui s'appelèrent au moyen-âge, d'abord des villariae, puis des bastides, et dont l'éclosion et le développement ne se produisaient qu'à la longue, et souvent d'une façon bien restreinte. En effet, tout concourt à faire supposer que le campement des Wisigoths fut, de prime-abord, un établissement de grande importance. Ce n'est point ici une poignée d'aventuriers ou de nomades qui viennent planter les piquets de leurs tentes et jeter les bases d'une cité qui mettra des siècles à se peupler. Ce n'était pas une ébauche de colonie tentée sur un sol plus ou moins hospitalier, avec le projet d'y attirer des habitants. La cité de Rhedae était peuplée avant d'être créée. Les chariots de voyage ont été dirigés sur ce point choisi d'avance, et les roues de ces chars se sont, pour ainsi dire, incrustées dans le sol. Les chefs des wisigoths, qu'on se représente comme ces chefs de clans qui commandent de nos jours dans l'Herzégovine ou le Monténégro, ont dirigé leurs tribus vers ce plateau isolé, au milieu du massif montagneux, et y ont planté la pointe de leurs épées, pour prendre possession. Cette conquête n'offre aucune analogie ni avec les procédés des légions romaines créant des colonies mixtes, mais où domine l'élément vainqueur, ni avec l'invasion des Vandales qui n'avaient pour but que le pillage et la destruction. C'était la migration d'un peuple qui venait greffer sa nationalité vivace sur les restes de la race Gauloise, pour fonder cette nation gallo-gothique qui résista si longtemps à la domination et puis à la puissance des Francs.

** * **

Chapitre IV

La cité de Rhedae, la capitale du diocèse Rhedensis, est fondée. Quel sera son rôle dans l'histoire du midi de la Gaule? C'est ce que nous allons examiner.

Ce rôle fut sans doute de peu d'importance pendant les premières années de son existence, car pendant le cours du cinquième siècle, les Wisigoths, maîtres de Toulouse, dont ils avaient fait leur capitale, avaient étendu leurs conquêtes jusqu'au Rhône et jusqu'à la Loire. Quel rôle pouvait dons avoir un oppidum placé dans une contrée qu'aucun ennemi ne menaçait? Comme place de guerre, il n'avait pas une grande utilité. Comme agglomération d'habitants, il était loin d'offrir l'agrément de Carcassonne et de Narbonne, ses voisines. Ce fut, peut-être, pendant cette première phase de son existence, qu'un vaste établissement, moitié camp, moitié ville, entouré d'une de ces défenses primitives faites de terre et de madriers plantés en pilotis, et semblable à ces villes improvisées qui naissent, de nos jours, dans certaines contrées de l'Amérique.

Ce ne fut qu'au commencement du VIe siècle que l'oppidum portant le nom de Rhedae se transforma en place de guerre complète. Après la bataille de Vouillé, en 507, lorsque Clovis, mettant la question religieuse au service de son ambition, eut écrasé les Wisigoths, sous prétexte de combattre l'arianisme, les destinés de la Gaule furent complètement changées. La nation wisigothe fut refoulée au pied des Pyrénées et la Gaule fut au pouvoir des Francs. La domination expirante des vaincus ne céda qu'après une lutte acharnée. De grandes batailles eurent lieu dans cette vaste plaine qui s'étend entre Toulouse et Carcassonne; car la première de ces cités était la métropole et la seconde l'un des principaux arsenaux d'Alaric II. Pendant l'année qui suivit la bataille de Vouillé, les échos des Corbières et de la Montagne-Noire entendirent souvent le farouche cri de guerre des soldats de Clovis répondre aux incantations qui, comme une mélopée antique, s'élevaient, aux heures du crépuscule, dans l'armée wisigothique. La montagne qui porte le nom du malheureux roi, la montagne d'Alaric, située aux environs de Lagrasse, fut le dernier champ de bataille que défendit sans succès la nation vaincue: mais la lutte n'était pas finie.

Les Wisigoths avaient été refoulés en Espagne, mais en gardant un pied dans la Gaule. Ils conservaient, outre le Roussillon, un lambeau de la Narbonnaise. Ce lambeau se composait de tout le territoire qui s'étend au nord jusqu'à la Montagne-Noire, à l'est jusqu'au Rhône, à l'ouest jusqu'au fleuve Atax. Narbonne se trouvait être au centre de cette possession. Carcassonne était ville doublement frontalière, puisqu'elle gardait les deux points extrêmes de la Gothie au nord et au couchant. Le royaume des Wisigoths eut pour capitale Tolède, la fière cité espagnole. Narbonne fut le chef-lieu de cette nouvelle province qui fut appelée Septimanie, et Carcassonne devint le siège de l'un des diocèses de cette province. La chute de la domination wisigothe dans les Gaules fut l'aurore de la puissance de Rhedae. Placé sur une éminence qui commande la rive droite du cours supérieur de l'Aude et qui domine la vallée de la Salz qui est le grand chemin des Corbières, cet oppidum acquit, immédiatement, une grande importance comme gardien des marches et des frontières. Les Wisigoths en firent alors une de leurs places de guerre les plus importantes.

En 563, à la suite de guerres politiques, et aussi des luttes religieuses qu'avait provoquées l'hérésie des Sabellins, le roi Hilpéric, après avoir dépouillé deux de ses frères, devint le maître d'un vaste territoire qui n'avait d'autres limites que le cours de l'Aude depuis les Pyrénées jusqu'à Carcassonne, puis la Montagne-Noire et les Cévennes, et enfin une ligne qui, partant des Cévennes, allait aboutir à la Méditerranée sur un point rapproché du port d'Agde, lequel se trouvait au pouvoir des Wisigoths. La province de Septimanie se trouva bien amoindrie par la conquête du roi Franc.

Il est donc de toute évidence que, pendant le cours du sixième siècle, la Septimanie était bornée du côté du couchant par le fleuve Atax, et que, par conséquent, une ligne de défense dut être établie sur la rive droite de ce fleuve par les chefs wisigoths. Rhedae devint alors importante cité. Elle fut entourée de remparts et flanquée de deux citadelles. Ce fut un des boulevards de la province, et elle devint le centre d'une région, le chef-lieu d'un diocèse qui porta son nom et qui s'appela le Rhedesium.

Mais Rhedae ne pouvait être un point isolé, chargé exclusivement de la défense d'une longue ligne frontière, qui s'étendait depuis Carcassonne jusqu'au cœur des Pyrénées. La rive du fleuve se garnit de forteresses qui étaient autant de dépendances de Rhedae. Ces diverses places de guerres, tout en gardant les marches et les défilés, formaient autour de Rhedae une ceinture infranchissable. Elles couvraient le Rhedesium depuis les bords de l'Aude jusqu'au diocèse de Narbonne.

Quand on se rend compte de la situation faites aux Wisigoths à la suite des conquêtes de Clovis, quand on examine avec soin l'énergique résistance qu'ils opposaient pendant les VIe et VIIe siècles aux entreprises des rois Francs, afin de se maintenir sur ce lambeau de territoire qui s'appela la Septimanie, on comprend le rôle important que joua, à cette époque, la cité de Rhedae si bien placé pour la résistance. Si nous avions besoin d'une autre preuve pour faire ranger la cité de Rhedae au rang des cités importantes de la province, nous trouverions dans le passage du poème de Théodulphe que nous avons cité, et qui ainsi conçu:

"Inde revidentes te, Carcassonna, Rhedasque
Menibus inferimus nos, cito, Narbo tuis".

La cité que le prélat visitait deux fois comme commissaire de l'empereur Charlemagne, et qu'il mettait au même temps que Carcassonne, devait occuper une place marquée dans la Septimanie.

* * *

Chapitre V

Nous allons maintenant, reconstruire par la pensée de Rhedae et la présenter à nos lecteurs tels qu'elle fut à dater du VIIe siècle.

La ville se développait sur une superficie que l'on peut comparer à celle que recouvre la ville de Carcassonne dans l'enceinte de ses boulevards. Elle était environnée d'une double enceinte de murailles. Elle était bordée au couchant par un précipice qui en rendait l'accès impossible. Du côté du Nord, elle se reliait, par une forte rampe, à une forteresse qui occupait l'emplacement du village actuel, et qu'on appelait *Castrum Rhedarium* ou *Castrum de Rhedae.* Le côté du levant, qui était le seul abordable, faisait face à une plaine immense qui s'étend à perte de vue, et dont la plus grande partie forme encore de nos jours une lande sauvage couverte de buis et de bruyères. Une seconde forteresse, dont il ne reste plus de vestiges, s'élevait du côté du midi, à une distance de cinq cents mètres environ des remparts. Cette forteresse était construite sur un mamelon de marne rouge qui porte un nom significatif. Ce mamelon qui domine la plaine environnante s'appelle *le Casteillas,* mot patois qui signifie grand château. Il était séparé de la ville par une profonde coupure de terrain formant un grand fossé irrégulier, dans lequel pouvait se déverser les eaux du ruisseau qui traverse la plaine du levant au couchant.

La cité de Rhedae possédait deux églises, l'une sous l'invocation de la Sainte-vierge, l'autre sous le vocable de Saint-Jean-Baptiste. On peut se faire à l'idée approximative du chiffre de la population tant civile que militaire renfermée dans la cité et ses deux citadelles, par un élément d'approximation que nous a conservé une tradition locale consistant en ce fait que l'on comptait à Rhedae quatorze étals de boucherie. Des débris d'amphores et des médailles latines trouvés, autrefois, sur divers points du terrain où, d'après nous, cette ville était bâtie, prouvent que c'est bien sous la domination wisigothe qu'elle avait acquis son entier développement, au VIe et au VIIe siècles. Les restes de substructions trouvés sur divers emplacements et la configuration du terrain sont aussi de puissants éléments d'appréciation pour se rendre compte des dimensions qu'avait cette importante cité. Un couvent de moines qui, d'après la tradition, était garni de moyen de défense, s'élevait près de l'entrée de la ville, du côté du levant.

Le *Castrum de Rhedae,* la citadelle placée au nord de la ville, occupait tout le plateau sur lequel est bâti le village actuel. Seulement, le village offre de grands espaces verts comprenant presque les deux tiers de la superficie du plateau. Ni le temps, ni la main des hommes n'ont changé à la forme de cette masse rocheuse qui, coupée et taillée en forme de cône tronqué, domine la plaine de tous les côtés. Les assises de rochers qui supportaient les murs d'enceinte ont résisté à l'action des siècles, et la régularité de leurs formes architectoniques prouve que des travaux dirigés par des hommes compétents sont venus en aide à la nature pour faire de ces rochers le soubassement d'une double enceinte de murailles. Les antiques bastions ont disparu, les fossés sont comblés, mais on voit intacte cette corniche colossale de marne rocheuse qui dessine l'ovale parfait des fortifications.

La citadelle avait deux entrées, l'une au levant qui ouvrait sur la campagne, l'autre au midi qui la mettait en communication immédiate avec la ville par une forte rampe. A l'exemple des villes romaines, les cités wisigothes, même quand elles étaient places de guerres, étaient divisées en quartiers désignés suivant leur affectation spéciale. Elles constituaient alors souvent une ou deux villes dans l'enceinte de la ville, une ou deux citadelles dans la citadelle. Nous en trouvons un exemple dans la cité de Carcassonne. La citadelle de

Rhedae était dans les mêmes conditions. Elle était divisée en trois quartiers qui existent encore dans le village actuel, et qui portent les mêmes noms traduits en patois. Le premier appelé *Castrum valens,* du côté du levant, s'appelle de nos jours *Castel de balent.* Le second, placé au midi, s'appelait *Castrum Salassum,* on l'appelle *la Salasso.* Enfin, le troisième désigné sous le nom de *Capella* s'appelle *la Capello.*

Le premier quartier, appelé le *Castrum valens,* tirait son nom d'une porte, bastionnée et garnie de fortifications, placée à l'entrée de la citadelle du côté du levant, c'est-à-dire du côté le plus exposé aux attaques de l'ennemi, car il faisait face à la plaine. Il est facile, en visitant les lieux de retrouver les traces du *Castrum valens,* du château-fort. Ce que l'on appelle aujourd'hui *la Salasso,* est une place, une aire à battre le grain, formant plateforme et communiquant, du côté du midi par un talus fortement incliné avec la plaine où la ville était bâtie. En grattant le sol, on trouve à *la Salasso* des couches de maçonnerie qui indiquent qu'il existait sur ce point un autre château-fort. La tradition locale affirme l'existence de ce fort qui mettait la ville en communication avec la citadelle. Cette tradition ajoute qu'après la destruction de la ville, la citadelle, qui était en bon état de défense, dura plusieurs siècles, que le fort de la Salasso contenait un magasin à poudre, et que pendant un siège, le feu ayant pris au magasin à poudre, l'explosion entraîna la destruction de tout un quartier et d'une partie des remparts.

Enfin, on remarque, dans le troisième quartier appelé *la Capello,* les vestiges d'une ancienne église. Les fortifications qui entouraient la citadelle de Redhae n'ont pas complètement disparu. Sur certains points de l'antique enceinte, les assises de roc vif qui ont conservé leurs aspérités supportent quelques pans de murs formés de pierres de taille cubique, à six faces, mesurant 24 ou 25 centimètres de côté. Une seconde enceinte construite avec des matériaux semblables, s'élevait à quelques pas de la première, mais on en trouve à peine quelques traces. C'est tout ce qui reste des fortifications primitives de la citadelle wisigothe. La première enceinte a été reconstruite après la guerre des Albigeois, et une partie de ces nouvelles murailles existe encore se soudant, par places, à quelque lambeau des remparts wisigoths. Une fontaine souterraine, qui à la forme d'un citerne, a sa source sous les remparts du côté du nord; elle ne tarie jamais.

Tel est le tableau que nous offre, dans le passé, la principale citadelle de Rhedae qui, à cause de son importance, formait une seconde cité à côté de la première. C'était la ville haute dominant la ville basse et pouvant la défendre et la protéger efficacement.

Quant à la seconde forteresse qui existait sur le mamelon qui porte le nom de *Casteillas,* la tradition ne nous a rien conservé. Nous savons seulement que lors de la destruction de Rhedae, l'ennemi s'empara d'abord de Casteillas et dirigea, de ce point élevé, ses attaques sur la ville.

* * *

Chapitre VI

Après avoir esquissé le tableau qu'offrait, au VIIe siècle, la ville de Rhedae avec sa citadelle et son *castellum* ou forteresse, il nous reste à examiner quel fut le rôle de la capitale du Rhedesium pendant l'époque wisigothique.

Le pouvoir des rois wisigoths, déjà bien affaibli par leur lutte contre Clovis, reçut le dernier coup quand le vainqueur de Tolbiac se fut rendu maître de Toulouse en 508. Son fils Childebert continua la guerre, mais il ne put refouler entièrement les vainqueurs au-delà des Pyrénées. Il ne put même tenter d'attaquer Carcassonne qui avait résisté à Clovis. Néanmoins, les armées du roi Frank cernaient les Wisigoths qui auraient fini par être complètement chassés de la Gaule, si après la mort d'Alaric II tué dans la fameuse bataille qui porte son nom, son fils Amalric n'avait été efficacement secouru par son grand-père, Théodoric, roi des Ostrogoths. Le mariage du jeune Amalric avec la princesse Clotilde, fille de Clovis, mit fin à cette longue guerre. De leur ancien royaume dans la Gaule Narbonnaise, les

Wisigoths ne conservèrent que la province de Septimanie, et encore cette province fut-elle circonscrite dans d'étroites limites.

C'est à cette époque (501) que la ville de Redhae commença à jouer un rôle important. Les Franks avaient enlevé aux Wisigoths les cités de Toulouse et d'Uzès. Toulouse était la métropole de la province de Gothie en même temps que la capitale du royaume. Le fils d'Alaric II, après avoir transféré à Tolède le siège de la capitale, choisit Narbonne comme cité métropolitaine. Puis, comme il voulait que la province de Septimanie conservât sept cités diocésaines, il érigea deux nouvelles cités pour remplacer Narbonne et Uzès. Il choisit Elne et Rhedae; mais, suivant un usage emprunté aux Romains, les noms des deux nouvelles cités furent changés dans l'édit d'investiture. Tandis que la ville d'Elne appelé jusqu'alors Helena prenait le nom de Citivas Elnensis, Rhedae fut appelé Citivas Attacensis, la cité du fleuve Atax ou du pays d'Atax.

Les historiens n'ont eu qu'une vague intuition de ce changement de désignation, et, ne pouvant se mettre d'accord sur la signification du mot Citivas Attacensis, ils ont laissés le problème sans solution. Tel est l'avis de CATEL et de BESSE qui, discutant un passage de SCALIGER, écartent tour à tour les diverses interprétations admises par leurs prédécesseurs. Ils reconnaissent qu'il ne peut être question de Carcassonne qui était depuis longtemps cité de premier ordre, ni de Limoux qui était loin d'avoir une pareille ambition, mais ils s'abstiennent de conclure. Ils n'ont pas songé à Rhedae qui était de création récente; et pourtant c'est bien la ville de Rhedae qui dans cette édit porte le nom de Citivas Attacensis. Nous appuyons cette assertion de diverses preuves.

En premier lieu, Rhedae était le chef-lieu d'une vaste contrée qui portait son nom Pays de Rhédez. En outre, la cité de Rhedae devint à cette époque cité diocésaine, car le Pays de Rhédez fut désigné comme diocèse, terme emprunté à l'organisation administrative des Romains qui appelaient ainsi une section de province ayant un gouvernement particulier. Quand le roi Reccared, après avoir abjuré l'arianisme, organisa les évêchés de la Septimanie, il fut question de placer un évêque à Rhedae, mais le prélat qui occupait le siège de Carcassonne s'y opposa et obtint d'être maintenu comme évêque de Carcassonne et du Rhédez. Seulement, on créa à Rhedae un archidiaconé qui était régi par un chanoine de Carcassonne.

Néanmoins, cette idée de la création d'un évêché distinct à Rhedae se produisit plus tard. Dans le concile qui fut tenu à Narbonne en 788, l'évêque d'Elne, Wanedurius, prétendit que la ville de Rhedae étant cité diocésaine et chef-lieu d'un comté devait avoir son évêque particulier, au lieu d'être une dépendance de l'évêque de Carcassonne. Cette demande ne fut pas admise ; mais en vertu d'une décision de ce concile, le diocèse de Rhedae fut distrait de celui de Carcassonne et uni pour le spirituel à l'archevêché de Narbonne à cause de la dignité du primat de la Gaule. L'évêque de Carcassonne avait été, du reste, bien inspiré quand sous le roi Reccared il avait insisté pour que le diocèse de Rhedae demeurât uni à celui de Carcassonne. En effet, sous le règne du roi Wamba, en 680, le siège épiscopal de Carcassonne fut occupé par un évêque arien soutenu par ce roi, et le prélat orthodoxe établit sa résidence à Rhedae, d'où il administrait les deux diocèses.

* * *

Chapitre VII

Nous venons de voir la situation de Rhedae au point de vue religieux sous les rois wisigoths. Il nous reste à examiner sous quel régime administratif cette ville et son territoire se trouvèrent pendant la même époque. Durant les premiers temps qui suivirent la fondation de cette cité guerrière, elle fut placée sous l'autorité du comte ou consul qui était à la tête du diocèse de Carcassonne et administrée par un vice-consul qui portait le titre, Vic Arius, d'où vint plus tard le terme de Viguier. Quand cette ville eut été érigée au rang de cité par le roi Amalric, le pays de Rhedae prit le titre de comté et eut pour gouverneur militaire et civil un comte ou consul. Cette institution fut confirmée vers la fin du VIIIe siècle par le roi Wamba quand il réorganisa les diocèses de la Septimanie, et qu'il en fixa les délimitations. Le comté au diocèse de Rhedae confrontait alors du côté du midi au diocèse d'Urgel, au levant il touchait aux diocèses d'Elne et de Narbonne et au nord au comté de Carcassonne. Du côté du couchant, il était pays frontière, car il longeait, sur les rives de l'Atax, le royaume des Franks.

Il convient d'interpréter cette question de frontière entre les deux royaumes d'une façon plus large que ne l'ont fait quelques historiens. Ce n'était pas strictement le cours de l'Atax qui formait la séparation entre le territoire des Franks et celui des Wisigoths. M. CROS-MAYREVIEILLE, dans son histoire du comté de Carcassonne, nous apprend, en effet, que les limites qui séparaient le Carcassez de l'Aquitaine au nord et à l'ouest s'arrêtaient aux forts de Cabardés et de Montréal qui appartenaient aux Wisigoths. Nous avons tout lieu de croire que les châteaux wisigothiques d'Alayrac, Rouffiac et Cépie formaient aussi l'extrême frontière, sur la rive gauche de l'Aude dans le comté de Carcassonne.

Quant au comté de Rhedae, il était défendu sur la même rive du fleuve par les tours ou châteaux de Cornanel, Roquetaillade, Antugnac et Brenac que les rois wisigoths avaient construits pour se garder contre leurs redoutables voisins. A partir de la vallée de Brenac qui relie les bords de l'Aude avec le Pays-de-Sault, la frontière du territoire des Wisigoths se dirigeait vers l'ouest, puis se dirigeant vers Belesta allait rejoindre en Espagne le royaume des Goths. Le Pays-de-Sault, le Donazan et le Capcir se trouvaient dons enclavés en entier dans le comté de Rhedae. Telle était la situation du diocèse de Rhedae quand l'invasion des Sarrazins vint mettre fin au règne des rois wisigoths dans la Septimanie, et changer les destinées de la cité de Rhedae.

* * *

Chapitre VIII

Nous passerons rapidement sur les destinées de Rhedae pendant la domination des Sarrazins. Tout fait présumer que la cité wisigothe fut considérée par les nouveaux conquérants comme une place forte utile à conserver; car elle gardait les marches des Pyrénées. C'était un point stratégique trop bien situé pour le détruire et l'abandonner, puisqu'il assurait les communications avec une longue ligne de frontières. Ce qui contribue à faire admettre cette opinion, c'est que les Sarrazins avaient construit au col de St-Louis, c'est-à-dire à une courte distance de Rhedae, une puissante forteresse dont on voit encore quelques ruines, portant le nom de Château des Maures, et qui gardait la voie militaire se dirigeant de la vallée de l'Aude dans le Roussillon. Du reste, l'historien MARCA affirme que, pendant l'occupation sarrazine, les archevêques de Narbonne, chassés de leur siège métropolitain, se réfugièrent dans la cité de Rhedae. Enfin la tradition nous vient en aide pour établir que la cité dont nous nous occupons conserva, à cette époque, toute son importance; car elle nous apprend que les Sarrazins fondèrent dans ses environs quelques villariae, et entre autres un centre de population aujourd'hui réduit à un modeste hameau peu distant de Rennes-le-Château, et qui s'appelle la Maurine. A travers ces guerres permanentes, qui, pendant le VIIe siècle, firent passer successivement le Rhedaesium sous la domination wisigothe et sarrazine jusqu'au jour où Charlemagne s'en rendit le maître, la capitale de cette contrée dut conserver toute son importance. Un fait le prouve: c'est le dénombrement fait, en 782, des villages, et terres du Rhedaesium, appartenant à l'église St-Just de Narbonne, qui indique que cette contrée n'était plus cette thébaïde, presque déserte, qui, pendant les siècles précédents, ne comptait que de rares habitants dont les cabanes se groupaient sous les murs des forteresses. Or, la ville de Rhedae ne figure pas dans ce dénombrement, et, quelle que fût la puissance des archevêques de Narbonne, ils n'avaient pu faire entrer dans l'enclave de leur domaine ecclésiastique l'antique cité wisigothe sur laquelle ils n'avaient qu'un droit de juridiction épiscopale, droit qui fut consacré par une décision du concile tenu à Narbonne en 788. D'un autre côté, la transformation qui s'était opérée dans cette contrée par la création de nombreux centres de population prouve aussi en faveur de l'état fleurissant de la cité qui en était la capitale. Enfin, les longues guerres que durent soutenir Pépin et Charlemagne pour refouler les Sarrazins d'abord jusqu'aux pieds des Pyrénées, puis au-delà de cette barrière, rendaient nécessaire la conservation d'une place-forte qui était une sentinelle avancée sur la frontière d'Espagne. Aussi, quand la puissance du grand empereur eut été consolidée, quand il envoya des messages royaux pour visiter les cités importantes de la Septimanie, ces missi dominici signalèrent Rhedae au rang des cités qui méritaient, pour ainsi dire, le titre de villes royales.

Ce fut vers cette époque que le Rhedesium fut morcelé par suite d'une nouvelle organisation des diocèses situés sur les confins des Pyrénées et dans les contrées avoisinantes. Le pays de Fenouillèdes en fut distrait et forma un comté séparé. Le Rhedesium qui avait été un diocèse important fut réduit à l'état d'un modeste comté placé sous la dépendance des comtes de Carcassonne. Le *Pagus rhedensis* conserva son autonomie, mais il ne forma plus qu'un lambeau de territoire qui, dans les siècles suivants, fut encore morcelé. Néanmoins, toute la contrée conserva cette désignation générale de Rhedesium, mais le Rhedesium ne fut plus, à dater de cette époque, que ce que dans le langage diplomatique moderne on a appelé une expression géographique.

Chapitre IX

Nous voici arrivé à une phase de l'existence de Rhedae. L'antique cité wisigothe est devenue une ville comtale. Tantôt annexée au comté de Barcelone tantôt soudée au domaine des comtes de Carcassonne, elle occupe un rang important dans un de ces petits royaumes taillés dans le grand royaume. Puis, en 957, le Rhedesium forme un apanage distinct en faveur d'Odon, fils de la princesse Ermessinde. Pendant un siècle, les successeurs d'Odon ou Eudes furent comtes particuliers du pays de Rhedae, et cette période marque la phase la plus éclatante de l'existence de la cité, qui était la résidence permanente d'un seigneur souverain. A cette époque, Rhedae joua un rôle presque aussi important que Carcassonne. Point de cité rivale qui pût, sur le territoire dont elle était la capitale, lui ravir la moindre part de son influence. Limoux n'était qu'un modeste bourg nommé, par Pierre de VAUX-CERNEY: *"Castrum limosun in territorio Redensi."* Alet était le siège d'une abbaye importante, mais autour de laquelle ne se groupait qu'une villaria ou village. Quillan était aussi un petit village faisant partie du domaine des archevêques de Narbonne. La cité de Rhedae rayonnait donc comme un astre au milieu des châtellenies, des prieurés, des bourgs et des villages qui couvraient la contrée. Elle atteignit alors à l'apogée de sa gloire; car, dans ses murs, c'est-à-dire à la cour de ses comtes, se réunissaient les seigneurs féodaux de Termes, de Pierre-Pertuse, de Castelpor, de Puylaurens, d'ANIORT, les abbés mitrés d'Alet et de St-Polycarpe, les châtelains de Carderone, de Castillon, d'Arce, de Blanchefort, de Brenac et tant d'autres qu'il serait trop long d'énumérer. C'est aussi dans Rhedae que se réunissaient fréquemment quelques riches vassaux qui aspiraient à devenir des seigneurs châtelains, les syndics des monastères de Cubière, de St-Martin-de-Lys, et enfin, les supérieurs des prieurés de Montazels, d'Espéraza, de Luc, d'Arques et de Couiza.

* * *

Chapitre X

Le rôle de la cité de Rhedae s'amoindrit à partir du milieu du XIe siècle, comme s'amoindrit aussi le territoire auquel elle avait donné son nom. Raymond II fut le premier des comtes particuliers du Rhedesium. Après sa mort, en 1062, le comté fur de nouveau réuni à celui de Carcassonne. Peu d'années après, le 6 des nones de l'an 1067, Ermengarde, fille de Pierre RAYMOND, comte de Carcassonne, et son mari Raymond BERNARD vicomte de Béziers et d'Albi, vendirent à Raymond ROGER comte de Barcelone et à Almodis, sa femme, le comté de Rhedae avec toutes ses dépendances. Voici comment s'exprime cet acte: *"Vendimus tibi totum commitatum de Rhedae eum omnibus suis pertinentibus, etipsos ambos castros de Rhedez...".*

Il y a dans cette vente une chose bien significative, et à laquelle ne se sont pas arrêtés les historiens et les chroniqueurs; ce sont les mots, *ambos castros de Rhedez,* que l'on a traduits par les mots *les deux châteaux de Rhedae.* D'après nous, cette interprétation n'a pas de sens. En effet, on remarque dans le texte si clair et si complet de cette vente qu'il n'est pas question, comme dans d'autres documents authentiques datant de la même époque, de la cité de Rhedae proprement dite. Cet acte, dans lequel tout est minutieusement détaillé, ne dit pas cependant en termes textuels: *vendimus tibi civitatem de Rhedae.*

Or, une telle lacune ne peut pas exister. Par conséquent cette locution de civitatem de Rhedae, que l'on s'attend à trouver dans cette vente, est remplacée par cette autre locution plus explicite *"ambos castros de Rhedae"*.

Voici l'explication de cette variante, de cette nouvelle désignation. Ces mots *ambos castros de Rhedae,* signifient les deux villes fortifiées de Rhedae, c'est-à-dire les deux cités jumelles, la ville haute et la ville basse, ainsi qu'on a pu le dire deux siècles plus tard, de la ville de Carcassonne. Nous n'insisterons pas plus longuement sur ce point capital qui jette un jour tout à fait nouveau sur la cité de Rhedae. Nous cherchions des preuves à l'appui de notre thèse sur la configuration de Rhedae, sur l'existence simultanée de la cité wisigothique bâtie dans la plaine et de sa forteresse bâtie sur le mamelon, et qui, enserrés toutes deux dans un ensemble de fortifications, formaient deux villes dans une seule ville. Cette preuve, la voilà. Elle est dans la vente en 1067.

Mais cette vente contient bien d'autres choses. Elle est, pour ainsi dire, l'armorial de Rhedae, le signe de son importance; car dans cet acte authentique qui transmet au comte de Barcelone la propriété du Rhedesium, on ne cite nulle autre cité, nulle autre ville, pas même un bourg ayant assez d'importance pour être mentionné. Cet acte dit, après avoir désigné les deux villes fortes de Rhedae: *"Vendimus totos alios castellos qui in jam dicto comitatu sunt, et totas illrum castellanias in super, et totas abbatias... cum omnibus ecclesiis, villis, domibus et molendinis et molendariis...".*

Cette vente mentionne aussi en détail tous les droits seigneuriaux attachés au titre de comte de Rhedae. Ces droits étaient plus que seigneuriaux, ils étaient régaliens, et les comtes de Rhedez qui les exerçaient avaient pu marcher de pair avec les comtes de Carcassonne et de Barcelone. Enfin, l'acte que nous dictons contient une cause finale relative aux confrontations du comté. En voici le détail:

> Au levant le comté de Narbonne.
> Au midi, les comtés de Roussillon, du Conflent et de la Cerdagne.
> Au couchant le comté de Toulouse.
> Au nord celui de Carcassonne.

Cela prouve que le *Comitatis Rhedensis,* était bien plus important que le *Comitatus Carcassonnensis,* car il enfermait dans son enclave le Pays de Sault, le Donazan, le Pays de Fenouillèdes, le Pays de Pierre-Pertuze et le Pays de Termes. Seulement la plupart de ces territoires formaient des fiefs indépendants ou des domaines ecclésiastiques, et, sur divers points de leur petit royaume, les comtes de Rhedae n'avaient qu'un pouvoir honorifique. Ils avaient beau exercer des droits souverains, battre monnaie, établir des foires et des marchés, rendre la justice et la faire rendre à leurs vassaux par leurs officiers, leur puissance était souvent illusoire.

* * *

Chapitre XI

A la suite de cette vente de 1067, le Rhedesium ne fut plus qu'une annexe du comté de Barcelone, et la cité de Rhedae ne fut qu'un simple fleuron d'une couronne comtale. A cette clause d'amoindrissement de la cité wisigothe, il convient d'en ajouter d'autres qui furent la conséquence des graves événements qui survinrent dans la province vers la fin du XIe siècle. Plusieurs seigneurs ecclésiastiques refusèrent de se soumettre aux seigneurs séculiers. D' un autre côté, l'élément bourgeois se développait dans les centres de population un peu importants. Enfin certains châtelains puissants se liguèrent entre eux pour résister à l'autorité des comtes. Ces diverses circonstances favorisèrent, dans le Rhedesium, le développement de certaines villes qui commencèrent à jouer un rôle important au détriment de Rhedae. Ce fut en première ligne Limoux qui, de simple bourg, tendait à devenir la capitale de la contrée. Ce fut aussi Alet, qui, sous l'influence de ses abbés mitrés, se transforma en une ville offrant les avantages d'un site des plus agréables. Enfin

Caudiès et Quillan n'étaient plus de modestes villages humblement groupés au pied des remparts des vieilles forteresses wisigothes. Rhedae perdait ce que gagnaient ces villes rivales mieux dotées sous le rapport du sol et du climat, à une époque où le goût du luxe et du bien-être se répandait dans la haute classe et dans la classe bourgeoise. L'ancien oppodum wisigothique assis sur un plateau sauvage n'offrait aucun agrément. Les eaux vives, les fleurs, les beaux arbres, les cultures potagères lui faisaient défaut. Rhedae commença dès lors à déchoir de son rang.

Le pouvoir des comtes de Barcelone sur le Rhedesium fut de courte durée, et la comtesse Ermengarde rentra bientôt en possession du grand fief qu'elle avait aliéné. Dans la lutte qu'elle soutint pour reconquérir ses droits, elle fut énergiquement soutenue par ses vassaux. Les officiers qu'elle avait préposés à la garde des villes importantes se dévouèrent avec ardeur à sa cause, et l'histoire rapporte que, en 1080, Bertrand, fils de Pons, qui commandait pour elle dans la cité de Rhedae jura d'imiter la conduite du gouverneur de Carcassonne et de défendre fidèlement la cité de Rhedae, ses tours et ses forteresses. Quatre ans après, Bertrand ATON, fils d'Ermengarde, prêtait serment de fidélité à sa mère pour les deux forteresses de Rhedae, *pro ambi castris*. Encore la même qualification que dans la vente de 1067. La cité de Rhedae n'était plus la résidence des comtes.

Un gouverneur ou viguier, *vicarius* y commandait pour eux. Ce n'était plus le siège d'une cour, le point de réunion des seigneurs de la contrée, mais c'était toujours la capitale du Rhedesium, la place-forte qui dominait la contrée, et à sa possession était attachée la possession de toute cette contrée. Pendant la première moitié du douzième siècle, Rhedae conserve son importance. Après Carcassonne, elle est toujours la première ville du domaine des vicomtes. Après la mort de Bernard ATON, à la suite d'un accord entre ses deux fils, le Rhedesium devint l'apanage du plus jeunes des deux frères, Raymond

TRENCAVEL, vicomte de Béziers. Un nouveau traité intervint huit ans après, en 1150, et ce traité porte que TRANCAVEL possèdera *civitatem que dicitur Rhedas et omnem regionem Redensem con omnibus castris et villis et fortitudinibus qui ibi sunt.*

Raymond TRANCAVEL tenait à conserver Rhedae afin de s'assurer de l'obéissance des seigneurs de la contrée, afin que son pouvoir s'abritât dans cette région derrière les remparts de cette antique cité défendue par une nombreuse garnison. C'est de là que son autorité rayonnait sur les nombreux seigneurs châtelains du voisinage, sur les abbés d'Alet, si puissant et si influents. Il était à cette époque représenté à Rhedae par un viguier appelé Pierre de VILAR, dont il récompensa les services, en lui faisant don du village de Coustaussa, place en face de Rhedae, sur le rive droite de la Salz.

La charte portant cette donation est datée de 1157. Elle s'exprime ainsi:

"Dono tibi et infantibus tuis meam villam quae dicitur constantianum... ad castellum ibi faciendum." Aux termes de cette charte, ce village était entouré de fortifications, et Pierre de VILAR devait y bâtir un château pour compléter les moyens de défense. Le viguier du comte exécuta cette condition.

Le château fut construit et d'après les ruines qui existent encore, on peut se faire une idée de ce qu'il était quand les travaux furent terminés. Pierre de VILAR se montra reconnaissant envers le comte Roger qui lui avait fait don de cet important fief; car au village de Coustaussou était attaché un vaste territoire. Aussi quand le château qui était une forteresse eut été édifié, Pierre de VILAR le plaça sous la sauvegarde de plusieurs seigneurs comme lui feudataires du Comte. Dom VAISSETTE cite un acte de serment, daté de 1172, par lequel Oton d'ANIORT, Ugo de CARDERONE et Guillaume d'ARCE jurent sur les saints Évangiles dans l'église de Limoux; de conserver et de défendre le château de Coustaussa, au profit de son seigneur Pierre de VILAR, viguier de Rhedae, et du comte Roger de BÉZIERS.

Le comte Roger avait reçu, à titre de donation, en 1158, de son père Raymond TRENCAVEL la ville de Carcassonne et la cité de Rhedae, *civitas Rhedensis.* Cette donation fut confirmée par le testament de Raymond de TRENCAVEL. Ce testament est en langue romane.

Nous croyons qu'on lira, avec intérêt, un fragment de cette pièce importante: *En R. Trencavel, per la graci de Deu vescoms de Bezers, ei fag mon testamen... et ei laïssado tota ma terra à Roihairet de Bezers... et daisso soun testimonis Jean Ratiers de Minerva, en Ratiers de Caussada, en Bertrand de Saixac, en Esteve de Serviès. Anno dominici MCLXX."*
Un an après, le comte Roger épouse Adélaïde, fille du comte de Toulouse, et lui assigne pour douaire le Rhedesium et sa capitale, ainsi que le bourg de Limoux: *"Dono* tibi *Reddam eum toto comitatu Reddensi et burgum Limosum eum suis partinentibus."* Cet acte est le dernier hommage rendu à la cité de Rhedae. Il constate, d'après nous, le décès de la capitale du Rhedesium. On ne l'appelle plus *amba castri de Rhedez,* on ne l'a nomme plus *citivas Rhedensis;* enfin elle ne porte plus ce nom de Rhedae qui avait acquis une signification particulière, car il était mis au pluriel comme désignant deux villes dans une même ville, la ville haute et la ville basse. On l'appelle *Rheda,* la ville, c'est-à-dire une seule ville.

Après avoir lu cet acte on présume que l'antique cité wisigothe a été démembrée. Divers faits historiques, que nous allons grouper succinctement, prouvent que cette conjoncture est fondée, que la ville basse, la grande cité construite dans la plaine, a disparu, et qu'il ne reste, de l'antique Rhedae, que sa citadelle, la ville haute.

* * *

Chapitre XII

Depuis que, en vertu de la vente consentie, en 1067, par la comtesse Ermengarde, le Rhedesium état passé au pouvoir e Raymond Roger 1er et de sa femme Almodis, moyennant le prix de onze cents onces d'or, les comtes de Barcelone n'avaient jamais abandonné leurs droits sur ce territoire. Pendant près d'un siècle, ils ne purent faire valoir ces droits; car le comté de Barcelone était séparé du Rhedesium par le comté de Roussillon, la Cerdagne et le Conflent. Or, les comtes de Barcelone et les comtes de Roussillon étaient souvent en lutte pour la possession du Vallespir, du Pays de Bézalu et d'une partie du littoral, et la conquête du Rhedesium aurait pu avoir cette conséquence, que cette contrée, au lieu d'agrandir le domaine des seigneurs de Barcelone, aurait pu tourner au profit de leurs redoutables voisins, les seigneurs de Roussillon. Cet état de choses dura jusqu'au jour où le roi d'Aragon, Alphonse II, qui était comte de Barcelone fut assez puissant pour revendiquer les droits qu'il prétendait avoir sur le Rhedesium. Les annales du Roussillon ont conservé le souvenir de ce fait historique. Alphonse II devint comte de Roussillon, en vertu d'un testament en date du 4 des nones de juillet 1172, par lequel Gérard, fils de Gausfred II, seigneur de ce comté l'institua son héritier, bien qu'il n'eut pas des droits, ainsi que le déclarait le testateur. La barrière qui séparait le comté de Barcelone du Rhedesium n'existait plus. Une fois maître du Roussillon, Alphonse II put réaliser ses projets ambitieux.

Il était déjà en guerre avec Raymond V, comte de Toulouse, et dès le début de cette guerre il avait, de gré ou de force, entraîné dans son parti Roger II, comte de Béziers, du Carcassez et du Rhedesium. On remarque une certaine confusion dans les récits des historiens au sujet de la part que prit celui-ci dans la lutte qui avait éclaté entre ses deux puissants voisins. Nous n'avons pas la prétention d'apporter la lumières dans ces ténèbres. Nous nous bornerons à constater qu'après avoir été, en 1167, l'allié du roi d'Aragon, le vicomte de Béziers du prendre parti, peu de temps après, pour le comte de Toulouse, puisque deux actes importants constatent le parfait accord qui existait entre eux en 1171. Le premier de ces actes est la promesse, sous forme de serment, par laquelle le comte de Toulouse s'engage à prêter aide et protection à Roger. Le second de ces actes est le mariage de Roger avec Adélaïde, fille du comte Raymond. Nous sommes donc fondé à croire que le roi d'Aragon avait déjà, à cette époque, tourné les armes contre le vicomte Roger et avait envahi le Rhedesium pour en faire la conquête.

C'est de cette époque que date la destruction de Rhedae. C'est en 1170 ou 1171 que l'antique cité wisigothe succomba sous les coups du roi d'Aragon. Mais si la ville proprement dite fut complètement rasée, la citadelle demeura debout, dominant de sa masse imposante toute la contrée. Voilà pourquoi le vicomte Roger, dans les clauses de son contrat de mariage avec la comtesse Adélaïde, ne put lui assigné pour le domaine que *Rhedam*, la citadelle, la ville fortifiée avec les terres qui en dépendaient. Nous n'avons pas à faire ici une nouvelle description de cette citadelle qui était à ce point fortifiée et placée dans une position tellement avantageuse qu'elle aurait pu résister plus tard aux attaques de Simon de MONTFORT, si elle avait été suffisamment garnie de troupes pour la défendre. Il paraît que le roi Alphonse II ne retira pas de sa conquête tous les fruits qu'il en espérait. Il avait bien pu ravager toute la contrée, il avait pu s'emparer de la cité de Rhedae et la détruire, mais son pouvoir ne put jamais se consolider dans le Rhedesium. Nous avons vu, en effet, qu'en 1171, le comte de Roger assigna pour le domaine à la comtesse Adélaïde *Reddam cum toto comitatu Reddensi*. Il protesta contre l'invasion espagnole, et se sentait soutenu par les seigneurs, ses vassaux.

C'est à cette époque que Pierre de VILAR, qui n'avait pu défendre Rhedae parce qu'il n'avait pas des forces suffisantes, formait une ligne avec plusieurs puissants seigneurs de la contrée qui juraient, sur les saints Évangiles, de défendre le château de Coustaussa, dont il est feudataire.

Pons d'Amely, abbé d'Alet, se mettait sur la défensive en restaurant le château, cette ancienne forteresse wisigothe, et en entourant la ville de remparts et de fortifications. L'archevêque de Narbonne, qui possédait Quillan et divers autres bourgs ou villages qui l'avoisinent, résistait aux prétentions du roi d'Aragon. Le seigneur de Termes mettait en état de défense les châteaux d'Auriac, d'Albières et ses villages voisins du Rhedesium. Alphonse II était réellement le maître de la partie du Rhedesium qui avoisine le Roussillon. Il occupait les châteaux de Pierre-Pertuze, de Quéribus et leurs dépendances. Il avait en son pouvoir les forteresses qu'avaient créées les Wisigoths, Castel-Fizel, Puylaurens, dans les Pays de Fenouillèdes, ainsi que le château de Fenouillet qui commandait ce comté. Il possédait, enfin, le territoire qui s'étend jusqu'à la vallée de l'Aude d'un côté et jusqu'à la vallée de la Salz de l'autre; et c'est au confluent de ces deux rivières, sur le point qu'occupe actuellement le château de Couiza, que se trouvait la limite de sa conquête. Il existe, en effet, en face de ce château, une masse rocheuse formant un plan incliné dont la base plonge dans l'Aude, et qui se redresse comme une arête colossale jusqu'au point culminant qui domine la vallée.

Cette assise de marne rocheuse qu'on dirait taillée par la main de l'homme s'appelle le *roc de France,* et la tradition affirme que l'on voyait, autrefois, tracée, sur la surface rugueuse du rocher, une main gigantesque qui était, disait-on, un signe héraldique représentant les armes d'Aragon.

C'est aussi de l'époque de la conquête d'une partie du Rhedesium que date la construction de tours guerrières ou tours de signaux que l'on remarquait autrefois dans la contrée et dont il reste peu de traces. Les auteurs catalans s'accordent à dire que ces tours, autrefois nombreuses sur certains points, étaient l'œuvre des rois d'Aragon. Les unes, appelées tours guerrières, étaient placées dans les marches et défilés; les autres, appelées tours de signaux, étaient placées sur les points culminants des montagnes. Quand Alphonse II détruisit la ville de Rhedae, il rasa les fortifications et ne laissa que deux tours qui garnissaient l'enceinte du côté du midi et du côté du couchant. L'une fut transformée en moulin à vent par l'un des seigneurs de Rennes-le-Château à une époque relativement récente. L'emplacement de ces tours nous a servi à déterminer, approximativement, la surface qu'occupait la cité wisigothe.

* * *

Chapitre XIII

Ceci nous amène à examiner rapidement les causes qui facilitèrent la prise et la destruction de Rhedae. Vers le commencement du XIIe siècle, cette ville tendait à se dépeupler, au profit de Limoux et d'Alet. Les guerres de la Terre-Sainte lui portèrent, pour ainsi dire, le dernier coup. Dégarnie de troupes, n'ayant qu'une population insuffisante, elle dut être négligée et abandonnée par les comtes à qui elle appartenait. Ceux-ci durent trouver trop coûteux l'entretien des fortifications de cette vaste cité dont la ligne de circonvallation était très-étendue. N'occupant plus, du reste, qu'un rang secondaire comme place forte, elle ne pouvait être d'un grand secours pour le maintien du pouvoir des comtes souverains. Tout fait donc présumer qu'elle était presque sans défense quand le roi d'Aragon vint l'attaquer. Peut-être même avait-elle été abandonnée par les officiers du comte Roger qui avaient concentré leurs forces et leurs moyens de résistance dans la citadelle, dans la ville haute, qui ne tomba pas au pouvoir des troupes aragonaises. La tradition s'et emparée de ce grand fait historique, bien que d'une manière vague.

Elle rapporte qu'une grosse armée venant du côté de l'Espagne s'empara du Casteillas, ce fort détaché dont nous avons parlé, et qui gardait les approches de Rhedae, du côté du midi, qu'une fois maîtresse du Casteillas cette armée attaqua et détruisit la ville qui était dans la plaine. S'il pouvait rester encore quelques doutes sur le fait historique que nous venons de rapporter, si quelques-uns de nos lecteurs persistaient à partager l'opinion de certains historiens qui prétendent que la cité de Rhedae fut détruite lors de la guerre des Albigeois, en 1220, nous pourrions citer, à l'appui de notre opinion, une preuve qui nous paraît concluante. C'est un acte du mois d'août 1185, par lequel le vicomte Roger donne un fief, à un de ses principaux officiers, ce qu'il possédait au château de Rhedae, *castrum de reddas.* Or, comme on ne donne pas en fief une cité importante qui est a capitale d'un comté, cet acte prouve que cette cité n'existait plus à cette époque. Mais la citadelle de Rhedae avait résisté à Alphonse II, le pays du Rhedesium fut morcelé. Il existe, en effet, un acte d'inféodation consenti par le roi d'Aragon, en 1193, trois ans avant sa mort, en faveur du comte de Foix qui, aux termes de cet acte, fut mis en possession du Pays de Pierre-Pertuze, du comté de Fenouillèdes et de leurs dépendances. Cette pièce prouve que le Rhedesium n'existait plus.

Nous pouvons donc écrire ici: Finis Rhedesii. Nous pourrions écrire aussi: *Finis Rhedarum;* car en réalité, l'ancien oppidum wisigothique, la cité jumelle de Rhedae qui avait joué un rôle marquant dans l'histoire pendant plus de cinq siècles n'existe plus, mais sa citadelle existe encore, nous allons suivre les courtes phases de son existence, ou plutôt de ses transformations.

Chapitre XIV

Le XIIIe siècle commence et, avec lui, la guerre des Albigeois. L'histoire n'attribue aucun rôle au *castrum de Rhedae,* tandis qu'elle fait mention du siège du château de Coustaussa, son voisin. Il est vrai que le château de Coustaussa dominait la vallée de la Salz qui, des bords de l'Aude, conduit dans les Corbières, et que ce château gênait la marche des croisés tant au fond de la vallée que sur les hauts plateaux. Il est vrai qu'une poignée d'hommes pouvait suffire pour défendre Coustaussa, tandis qu'il aurait fallu une nombreuse garnison pour garder la longue ligne des remparts de Rhedae, dont les fortifications, du reste, avaient dû souffrir lors de la destruction de la ville basse. Peut-être aussi une partie de ces fortifications était-elle détruite, et Guillaume d'ASSALIT qui était alors viguier du Rhedesium, ne put-il disposer des moyens nécessaires pour mettre l'antique citadelle en bon état. Quoi qu'il en soit, il paraît que Rhedae n'était pas en état de défense, et ne fit aucune résistance aux armées des Croisés. Néanmoins nous n'hésitons pas à croire que les troupes de Simon de MONTFORT s'en emparèrent, et comme c'était une place de guerre qu'il fallait armer ou détruire pour la défendre, ou bien empêcher qu'elle ne devînt un centre de résistance entre les mains du jeune vicomte de Béziers et de ses alliés, elle fut démantelée et ruinée. *Le castrum de Rhedae* l'antique citadelle, qui était toujours la capitale de la contrée, ne fut plus qu'un simple bourg quand la croisade eut fini son oeuvre. Ses remparts et ses tours jonchèrent le sol et si la tradition locale ne fait pas erreur, une seule partie de ses fortifications demeura debout, ce fut le *castrum salassum* ou *turris salassa*, le donjon qui fait face au midi, cette tour de la Salasse qui fut plus tard convertie en magasin à poudre.

Il existe, du reste, un acte authentique qui prouve à quel rôle modeste fut réduit Rhedae après la conquête des Croisés. On ne l'appelle plus *civitas* cité, ni *castrum*, ville fortifiée On la désigne sous le nom de villa, c'est-à-dire bourg ou petite ville. Nous lisons, en effet, dans une charte de 1231, le dénombrement des villes, villages et châteaux formant l'assignat de Pierre de VOISINS, sénéchal de Simon de MONTFORT. Dans ce dénombrement figure Rhedae sous la rubrique suivante: *"Villam de redde pro XXV libris ae IV sols."*

Le bourg de Rhedae était évalué au prix de *Burgaragium*, Bugarach, un peu au-dessus de la valeur de *Cousanum*, Couiza et de *Caderona*, Caderone. Le petit-fils de Pierre de VOISINS, Pierre II de VOISINS, sénéchal de Carcassonne, mit Rhedae en état de défense. Il releva les fortifications, il rétablit la double enceinte de remparts, seulement il ne jugea pas à propos de reconstruire le château qui défendait la citadelle du côté du levant et qu'on appelait *castrum valens* mais il fit fortifier le château qui existe encore, et qui a donné son au village actuel de Rennes-le-Château.

Ce château ne fut pas un simple fort, comme était le *castrum valens:* ce fut un château-fort muni de tous les moyens de défense, et en outre, une résidence seigneuriale. Ce manoir fortifié, flanqué de tours, les unes carrées, les autres arrondies, est d'une architecture simple tout à fait dépourvue d'ornements. Un vaste préau le précède du côté du levant des deux autres côtés, il est entouré d'une cour et d'un jardin établi probablement sur l'emplacement qu'occupaient les fossés. Sa face, du côté du nord, se confondait avec la ligne des remparts de la seconde enceinte. Rhedae acquit alors une certaine importance comme chef-lieu d'une puissance châtellenie. Cette petite ville comptait une population assez nombreuse, car toute la superficie du plateau était couverte d'habitations. On y remarquait deux églises, l'une dédiée à Saint-Pierre, et l'autre, qui existe encore, dédiée à Sainte Marie-Madeleine.

En examinant avec attention les rares vestiges des fortifications de Rhedae on constate des fragments de la maçonnerie de cette époque soudés, pour ainsi dire, aux restes des remparts qu'avaient construits les Wisigoths. La restauration de Rhedae, par Pierre II de VOISINS, nu fut pas un fait isolé dans la contrée. L'histoire nous apprend qu'après la guerre des Albigeois, les nouveaux propriétaires du sol, aussi bien que ceux des anciens seigneurs qui avaient été remis en possession de leurs domaines reconstruisirent les châteaux qui avaient été détruits. Tous les châtelains, voulaient se prémunir contre les dangers éventuels d'une nouvelle guerre et aussi contre les attaques des nombreuses troupes de routiers et de malandrins qui infestaient la province. Rhedae, passant successivement au pouvoir des descendants de Pierre de VOISINS, fut maintenu en état de défense.

L'un d'eux, Pierre III, transforma, vers 1360, le donjon de la Salasse en magasin à poudre. Les compagnies de routiers ravageaient alors la province de Languedoc, saccageant et incendiant les villes, les bourgs et les châteaux. Et, comme si ce n'était pas assez de ce fléau, la peste vint, en 1361, s'abattre sur la contrée dépeuplant les villages presque en entier. Le pays commençait à se remettre de ces terribles épreuves, quand un corps d'espagnols et de catalans, qui avaient traversé la frontière avec le comte de Trastamarre s'abattit sur le Roussillon et sur le Languedoc. Tous les barons du pays s'armèrent contre ces terribles envahisseurs.

Pierre III de VOISINS, seigneurs de Rhedae, *dominus le Reddis,* ainsi qu'il s'intitulait lui-même, se mit à la tête d'un corps de troupes, et s'avança dans le pays de Fenouillèdes pour arrêter la marche de ces ennemis; mais il fut vaincu, et ne put s'opposer à leur passage. Obligé de battre en retraite, Pierre de VOISINS se réfugia dans la citadelle de Rhedae et se prépara à la défense.

L'armée espagnole ou plutôt ce corps nombreux de bandits qui se livrait dans toute la contré aux actes de cruauté les plus atroces, ravagea tout le pays de Fenouillèdes, le pays de Pierre-Pertuze, et quitta, au printemps de l'année 1362, les hauts plateaux des Corbières pour descendre vers la vallée de l'Aude. Les chefs de ces bandits, qui avaient déjà lutté contre Pierre de VOISINS, résolurent de s'emparer de la ville fortifiée de Rhedae, et vinrent en faire le siège.

La tradition de cet événement mémorable s'est conservée depuis cinq cents ans dans le modeste village qui occupe la place où était Rhedae. Nous ne saurions mieux faire que de la transcrire ici presque textuellement:

"Une troupe très-nombreuses de bandits catalans, venant des Corbières, arriva un jour devant Rhedae par le chemin qui vient du hameau des Patiassés (situé entre Rennes-les-Bains et Rennes-le-Château). Ils incendièrent, après l'avoir pillé, un grand couvent fortifié qui était aux abords et presque à l'entrée de la ville, du côté du levant, au lieu dit de *la Foun de l'Aoussi.* Les ruines de ce couvent existaient encore à la fin du dernier siècle. La ville opposa une vive résistance, mais elle finit par succomber devant un ennemi disposant de forces supérieures et muni d'artillerie. La poudrière de la Salasse ayant été incendiée, une large brèche fut pratiquée dans les murs de la ville qui offrit alors un succès facile aux assaillants. Ceux-ci, maîtres de la place, rasèrent les fortifications, détruisirent l'église de Saint-Pierre et firent de Rhedae un monceau de ruines. Le manoir seigneurial et quelques habitations survécurent à ce désastre."

A l'appui de l'authenticité de ce récit, les vieillards de Rennes-le-Château rapportent que l'on a trouvé, à diverses reprises, dans la plaine qui s'étend sous le village, des débris d'armes et des boulets de petit calibre.

Ainsi finit, en 1362, la ville de Rhedae; et le modeste village qui fut construit sur son emplacement et qui recouvre à peine le tiers de la superficie qu'occupait l'antique citadelle, n'a pas même conservé le nom historique de Rhedae; il s'appelle Rennes-le-Château. Puis, comme pour épaissir les voiles de l'oubli sur la cité wisigothe, la contrée dont elle avait été la capitale, le Rhedesium ou le pays de Rhedae, perdit également son nom. Il s'appela le Haut-Razès, et il forma l'un des territoires qui composèrent le vaste diocèse d'Alet.

* * *

Tableau chronologique des comtes du Razes

Sous les rois wisigoths le Razès fut administré d'abord par des viguiers et puis par des comtes, qui étaient des gouverneurs militaires nommés par le souverain résidant à Tolède. Ils relevaient directement tantôt de la couronne et tantôt des ducs de Septimanie qui avaient le commandement supérieur de la province. L'histoire ne nous a pas conservé les noms de ces viguiers et de ces comtes de Razès. Nous avons donc nous borner à inscrire ici, à la suite de la notice sur Rhedae, les noms, par ordre chronologique, des comtes et des vicomtes qui, depuis Charlemagne jusqu'à la conquête de Simon de MONTFORT, ont possédé le comté.

I - Guillaume, institué par Charlemagne, en 781

II - Béra 1er, fils de Guillaume 796

III - Argila, fils de Béra 840

IV - Béra II, fils d'Argila 845

Le comte passa, en 870, à la maison comtale de Carcassonne,

et devint l'apanage de la branche cadette.

V - Acfred 1er, frère d'Oliba II, comte de Carcassonne 870

VI - Bencion, fils d'Oliba II 902

VII - Acfred II, frère de Bencion 928

VIII - Arsinde, fille d'Acfred II, mariée avec Arnaud, comte de Couserans 960

IX - Eudes, fils d'Arnaud et d'Arsinde 1005

X - Arnaud, fils d'Eudes 1017

XI - Raymond 1er, fils d'Arnaud 1030

XII - Raymond II, fils de Raymond 1er et de la comtesse Béliarde 1052

Le comté passe à une branche latérale représentée par les descendants directs, de Roger 1er, fils d'Arnaud et d'Arsinde, et qui était comte de Carcassonne et de Couserans.

XIII - Ermengarde, petite-fille de Roger 1er, dit Roger-le-Vieux, hérite, en 1060, du comté de Razès que lui lègue son frère Oton, et en fait vente, en 1067, à son parent le comte de Barcelone. La maison de Barcelone donna donc deux comtes au Razès, savoir :

XIV - Raymond-Béranger 1er 1067

XV - Raymond-Béranger II, son fils, qui mourut assassiné en 1080, laissant un fils en bas âge. Profitant des divisions et des luttes qui suivirent cet événement tragique, Ermengarde reprit possession du Razès en qualité de vicomtesse, et fut soutenue par les nobles du pays qui ne voulaient pas subir la domination d'un prince étranger tel que le comte de Barcelone.

XVI - Bernard ATON, fils d'Ermengarde 1090

Bernard ATON et la comtesse Cécile, sa femme, durent renoncer aux titres héréditaires dans leurs familles, et se contenter de la qualification de vicomte et vicomtesse de Razès.

XVII - Roger, fils aîné de Bernard ATON et de vicomtesse Cécile, devient vicomte de Carcassonne et de Razès 1130

Il reprend le titre de vicomte.

XVIII - Raymond TRENCAVEL, second fils de Bernard ATON, succède à son frère 1149

XIX - Roger-Raymond, son fils, vicomte de Razès 1170

XX - Raymond-Roger, son fils, vicomte de Béziers et de Razès 1202

Il meurt le 10 novembre 1209, à l'âge de 24 ans, prisonnier de Simon de MONTFORT, dans une des tours du palais comtal de Carcassonne.

XXI - Raymond TRENCAVEL qui n'avait que deux ans lors de la mort de Raymond Roger, son frère, parvint à reconquérir son domaine contre Amaury de MONTFORT en 1228. A la suite d'un traité fait avec le roi de France, son comté de Razès fut réuni à la couronne.

* * *